ALPHABET

ET

RÉGLEMENT

POUR LES ENFANS

QUI FRÉQUENTENT LES ÉCOLES CATHOLIQUES.

Nouvelle édition
REVUE ET CORRIGÉE AVEC SOIN.

DIJON,
CHEZ ROPITEAU LIBRAIRE.

ALPHABET.

LETTRES MINUSCULES.

† a b c d e f g h i
j k l m n o p q r s
t u v x y z.
æ œ w.

LETTRES MAJUSCULES.

A B C D E F G H I
J K L M N O P Q
R S T U V X Y Z.
Æ Œ W.

VOYELLES.

a e i o u et y.

LETTRES ACCENTUÉES.

Accent aigu : é.
Accent grave : à è ù.
Acc. circonflexe : â ê î ô û
Tréma : ë ï ü.

SIGNES DE PONCTUATION.

Point . *Deux-Points* :
Virgule , *Point-Virgule* ;
Point d'interrogation ?
Point d'exclamation !

CHIFFRES.

0 1 2 3 4 5 6 7 8 9

SYLLABES.

ba	be	bi	bo	bu
ca	ce	ci	co	cu
da	de	di	do	du
fa	fe	fi	fo	fu
ga	ge	gi	go	gu
ja	je	ji	jo	ju
ka	ke	ki	ko	ku
la	le	li	lo	lu
ma	me	mi	mo	mu
na	ne	ni	no	nu
pa	pe	pi	po	pu

qua	que	qui	quo	qu
ra	re	ri	ro	ru
sa	se	si	so	su
ta	te	ti	to	tu
va	ve	vi	vo	vu
za	ze	zi	zo	zu
ab	eb	ib	ob	ub
ac	ec	ic	oc	uc
ad	ed	id	od	ud
af	ef	if	of	uf
ag	eg	ig	og	ug
al	el	il	ol	ul

abs ebs ibs obs ubs
als els ils ols uls
bab beb bib bob bub
dad ded did dod dud
lal lel lil lol lul
pap pep pip pop pup
rar rer rir ror rur
sas ses sis sos sus
vas ves vis vos vus

MOTS DIVISÉS PAR SYLLABES.

Pa-pa, ma-man, fan-fan, che-val, jou-jou, tou-tou, mi-mi, pe-tit, si-rop, gâ-teau, jar-din, rai-sin, ru-ban, a-bri-cot, poi-re, ce-ri-se, pier-re, Cé-ci-le, fi-gu-re, pom-me, pru-neau, etc.

Dieu soit loué.

RÉGLEMENT.

1. Re-tour-nez de l'E-co-le à la mai-son, sans vous ar-rê-ter par les rues, mo-des-te-ment, c'est-à-di-re sans cri-er, et sans of-fen-ser per-son-ne. Au con-trai-re, si l'on vous in-ju-rie et si l'on vous of-fen-se, en-du-rez-le pour l'a-mour de No-tre Sei-gneur, et di-tes en vous-mê-me : *Dieu vous don-ne la grâ-ce de vous re-pen-tir de vo-tre fau-te, et vous par-don-ne com-me*

je vous par-don-ne moi-mé-me.

2. Gar-dez-vous bien de ju-rer, de blas-phé-mer, de di-re des pa-ro-les sa-les on gros-siè-res, ou de fai-re au-cu-ne ac-ti-on dés-hon-nê-te.

3. Quand vous pas-sez de-vant quel-que Croix ou quel-qu'i-ma-ge de No-tre Sei-gneur, de No-tre Da-me ou des saints, fai-tes u-ne in-cli-na-tion, en ô-tant vo-tre cha-peau, ou au-tre-ment.

4. Quand vous ren-con-tre-rez quel-que per-son-ne de vo-tre con-nais-san-ce, sa-lu-ez-la le pre-mier, par-ce que c'est une ac-ti-on d'hon-nê-te-té.

5. Sa-lu-ez les per-son-nes que vous ren-con-tre-rez se-lon la cou-tu-me du pays et se-lon l'ins-truc-ti-on qu'on vous au-ra don-née.

6. Quand vous en-tre-rez chez vous ou en quel-qu'au-tre mai-son, fai-tes u-ne in-cli-na-ti-on, sa-lu-ant ceux que vous y trou-ve-rez.

7. Quand vous com-men-ce-rez quel-qu'ou-vra-ge, ou quel-que bon-ne ac-ti-on, fai-tes dé-vo-te-ment le si-gne de la Croix, avec in-ten-ti-on de fai-re, au nom de Dieu et pour sa gloi-re, ce que vous al-lez faire.

8. Quand vous par-lez a-vec des per-son-nes res-pec-ta-bles, ré-pon-dez hon-nê-te-ment, a-vec po-li-tesse : *Oui Mon-sieur*, ou *Ma-da-me. Non Mon-sieur; non Ma-da-me*, se-lon qu'on vous in-ter-ro-ge-ra.

9. Si ceux qui ont pou-voir sur vous vous com-man-dent quel-que cho-se qui soit hon-nê-te et que vous puis-siez fai-re, o-bé-is-sez-leur vo-lon-tiers et promp-te-ment.

10. Si l'on vous com-man-dait de di-re quel-que pa-ro-le ou de fai-re quel-qu'ac-ti-on mau-vai-se, ré-pon-dez que vous ne le pou-vez fai-re, car ce-la dé-plaît à Dieu.

11. Quand vous vou-drez dî-ner ou sou-per,

com-men-cez par vous la-ver les mains, puis di-tes le *Be-ne-di-ci-te* a-vec pi-é-té et mo-des-tie.

12. Lors-que vous vou-drez boi-re, pro-non-cez tout bas le saint nom de Jé-sus, et ne bu-vez pas au-de-là de vo-tre be-soin.

13. Tou-tes les fois que vous nom-me-rez ou en-ten-drez nom-mer Jé-sus ou Ma-rie, vous fe-rez u-ne pe-ti-te in-cli-na-tion.

14. Gar-dez-vous bien, à ta-ble ou ail-leurs, de de-

man-der ou de pren-dre, et de sous-trai-re en ca-chet-te ou au-tre-ment ce qu'on au-ra don-né à man-ger aux au-tres; vous ne de-vez mê-me pas le re-gar-der a-vec en-vie.

15. Quand on vous don-ne-ra quel-que cho-se, re-mer-ciez hon-nê-te-ment ce-lui ou cel-le qui vous l'au-ra don-née.

16. Ne vous as-sey-ez point à ta-ble si l'on ne vous le com-man-de.

17. Man-gez et bu-vez

hon-nê-te-ment, sans a-vi-di-té et sans ex-cès.

18. A la fin de cha-que re-pas, di-tes dé-vo-te-ment les grâ-ces, et a-près la-vez-vous en-co-re les mains.

19. Ne sor-tez point de la mai-son sans en de-man-der la per-mis-si-on.

20. N'al-lez point a-vec les en-fans vicieux et mé-chans, car ils peu-vent vous nui-re pour le corps et pour l'â-me.

21. Quand vous a-vez

em-prun-té quel-que cho-se, ren-dez-le promp-te-ment et n'at-ten-dez pas qu'on vous le de-man-de.

22. Lors-que vous au-rez à par-ler à quel-que per-son-ne res-pec-ta-ble qui se-ra oc-cu-pée, pré-sen-tez-vous mo-des-te-ment, at-ten-dant qu'el-le ait le loi-sir de vous par-ler, et qu'el-le vous de-man-de ce que vous lui vou-lez.

23. Si quel-qu'un vous re-prend, ou vous don-ne

quel-qu'a-ver-tis-se-ment, re-mer-ci-ez-le.

24. Ne tu-toy-ez per-son-ne, ni les do-mes-ti-ques, ni les ser-van-tes, ni les pau-vres.

25. Al-lez au-de-vant de ceux qui en-trent chez vous, soit pa-rents, soit é-tran-gers, pour les sa-lu-er et les re-ce-voir.

26. Si quel-qu'un de ceux de la mai-son, ou au-tre, dit ou fait quel-que cho-se de dés-hon-nê-te ou d'in-di-gne d'un chré-tien, en vo-

tre pré-sen-ce, re-pre-nez-le a-vec dou-ceur.

27. Quand les pau-vres de-man-dent à vo-tre por-te, pri-ez vo-tre Pè-re ou vo-tre Mè-re, ou ceux chez qui vous de-meu-rez, de leur fai-re l'au-mô-ne pour l'a-mour de Dieu.

28. Le soir, a-vant de vous cou-cher, a-près a-voir sou-hai-té le bon-soir à vos pè-re et mè-re, ou au-tres per-son-nes qui se trou-vent à la mai-son, met-tez-vous à ge-noux de-vant l'i-ma-

ge de quel-que saint, et di-tes les pri-è-res qui se trou-vent à la fin de ce pe-tit li-vre. A-près quoi, pre-nez de l'eau bé-ni-te, et fai-tes le si-gne de la Croix.

29. Le ma-tin, en vous le-vant, fai-tes é-ga-le-ment le si-gne de la Croix; quand vous se-rez ha-bil-lé, met-tez-vous à ge-noux et di-tes vos pri-è-res; a-près quoi, al-lez sou-hai-ter le bon-jour à vos pè-re et mè-re et aux au-tres per-son-nes de la mai-son.

30. Tous les jours, si vous le pouvez, entendez la sainte Messe, dévotement et à genoux, et levez-vous, quand le Prêtre dit l'Evangile.

31. Quand vous entendrez sonner l'*Angelus*, récitez dévotement l'*Ave, Maria.*

32. Soyez toujours prêt à aller volontiers à l'école, et apprenez soigneusement les choses que vos maîtres vous enseignent; soyez-leur bien obéissant et respectueux.

33. Gardez-vous bien de mentir en quelque manière que ce soit : car les menteurs sont les enfans du démon, qui est le père du mensonge.

34. Surtout gardez-vous de dérober aucune chose, ni chez vous, ni ailleurs ; parce que c'est offenser Dieu, c'est se rendre odieux à cha-

eun, et prendre le chemin d'une mort infâme.

35. Présentez-vous volontiers et souvent à la confession, à la communion, y étant bien préparé, afin que vous deveniez à toute heure plus dévot et plus sage, fuyant le péché, et acquérant les vertus.

36. Enfin tous vos principaux soins et désirs, tandis que vous vivez en ce monde, doivent viser à vous rendre agréable à Dieu, et à ne le point offenser, afin qu'après cette vie mortelle vous puissiez éviter l'enfer et posséder la gloire du Paradis. Ainsi soit-il.

Dieu répand ses saintes bénédictions sur les Enfans qui sont pieux et respectueux envers leurs père et mère.

Honore ton père et ta mère, afin que tu vives longtemps sur la terre.

Cette première bénédiction donne l'espérance d'une longue et heureuse vie.

Celui qui honore son père et sa mère sera rempli de joie et de contentement par ses enfans, et Dieu exaucera sa prière.

Cette bénédiction promet l'allégresse et le contentement que l'on reçoit des enfans. Joseph, fils de Jacob, pour avoir été obéissant à sou père, et pour l'honneur qu'il lui avait rendu, reçut des joies et des contentements très-grands de ses propres enfans, lesquels furent aussi bénis de Jacob, leur grand-père, en la présence de Joseph, leur père.

Celui qui honore son père et sa mère s'amasse un trésor au ciel et sur la terre.

Cette bénédiction regarde les biens spirituels et temporels, que Dieu donne aux enfans sages et bons. Salomon, qui nous servira d'exemple, porta toujours beaucoup d'honneur à son père et à sa mère ; c'est pourquoi il vécut très-heureux et très-riche, sur un trône florissant. Au contraire, Absalon, son frère, pour avoir désobéi à son père et l'avoir maltraité, fut percé de dards et tué par Joab, général de l'armée de David.

Celui qui honore son père et sa mère sera rempli des graces célestes jusqu'à la fin.

Cette bénédiction concerne les biens spirituels. Nous en avons un merveilleux exemple en Jacob, fils d'Isaac, qui, ayant été béni de son père, fut élu de Dieu, très-agréable à sa divine majesté, et rempli de toutes sortes de grâces. Au contraire, son frère Esaü fut malheureux et réprouvé.

Honore ton père et ta mère, afin que la bénédiction du ciel descende sur toi, et que tu sois béni.

Dieu donne particulièrement cette bénédiction aux enfans obéissans. Mais qu'est-ce autre chose être béni de Dieu, sinon recevoir de lui sa sainte grâce, par le moyen de laquelle nous lui devenons agréables comme ses enfans?

Malédictions que Dieu fait retomber sur les enfans qui ne portent ni respect ni obéissance à leurs père et mère.

Que celui qui maudira son père ou sa mère meure de mauvaise mort et que son sang soit sur lui.

Cette malédiction est confirmée par la bouche de Dieu. Au même endroit de l'Ecriture, Dieu commande qne si quelque père est assez malheureux pour engendrer un fils désobéissant, rebelle et pervers, tout le peuple de la ville massacre à coups de pierres ce méchant enfant, et le fasse mourir.

A ces paroles : *Maudit soit celui qui n'honore pas son père et sa mère*, le peuple répondit : *Amen*.